CHENEHUTTE-LES-TUFFEAUX

NOTICE HISTORIQUE

EXTRAIT DE
L'HISTOIRE DU SAUMUROIS
DU COLONEL PICARD,
PRÉSIDENT DE LA SOCIÉTÉ
DES LETTRES, SCIENCES
ET ARTS.

SAUMUR
IMPRIMERIE MODERNE E. COUBARD
13, QUAI CARNOT, 13

1912

CHENEHUTTE-LES-TUFFEAUX

NOTICE HISTORIQUE

EXTRAIT DE

L'HISTOIRE DU SAUMUROIS

DU COLONEL PICARD,

PRÉSIDENT DE LA SOCIÉTÉ

DES LETTRES, SCIENCES

ET ARTS.

SAUMUR

IMPRIMERIE MODERNE E. COUBARD

13, QUAI CARNOT, 13

1912

TABLE CHRONOLOGIQUE

RÉPERTOIRE ALPHABÉTIQUE

CHENEHUTTE-LES-TUFFEAUX

Préhistorique. — Le plateau de Chenehutte, qui domine le village des Tuffeaux, fut incontestablement un des premiers points habités du Saumurois, et les traces successives de son habitat restent assez apparentes pour qu'on puisse en esquisser l'historique.

Les grottes de ses pentes, aujourd'hui creusées en carrières, d'où l'on extrait les pierres de tuf (les tuffeaux), ont tout d'abord servi de tanières aux premiers animaux vivant sur les bords de l'immense fleuve qui, aux temps géologiques, remplissait toute la vallée, des coteaux de la rive gauche aux coteaux de la rive droite, c'est-à-dire sur une largeur de dix mille mètres.

Ces cavernes furent ensuite la demeure des premiers habitants de la région, qui y cherchèrent un abri contre les intempéries du climat si rude des premiers âges. Il est curieux de constater par les habitations existant encore dans la roche que ces habitudes *troglodytes* se sont conservées jusqu'à notre époque, comme un vivant témoignage de leur origine, bien que les mêmes raisons n'existent plus, et que la facilité de bâtir soit plus grande dans ce pays que partout ailleurs.

Les *armes de pierres*, qu'on y a ramassées en grand nombre, sont des vestiges indubitables d'une agglomération humaine à l'époque de la pierre taillée et à celle de la pierre polie.

Des *instruments de bronze* y ont été rencontrés plus rares, mais il faut tenir compte de cette considération qu'étant plus précieux ils ont pu être refondus par ceux qui les avaient possédés, pour en faire de nouvelles armes ou de nouveaux ustensiles, comme cela s'est pratiqué trop souvent aussi par ceux qui en ont trouvé de nos jours.

Toutefois, les nombreux restes de *monuments mégalithiques* qu'on rencontre sur ce plateau et à sa proximité, tels que menhirs et dolmens, indiquent bien qu'il fut un centre de population important aux siècles qui précédèrent l'invasion romaine.

Les grottes agrandies servirent certainement de refuges aux indigènes lorsque les invasions successives des Kimro-Celtes parcoururent la Vallée de la Loire, cherchant un pays où arrêter leur vie errante.

Là, comme dans toute la Gaule, il dût y avoir de ces remous de races diverses se disputant le terrain, s'installant en promiscuité, se combattant ou fusionnant, pour finir en un métissage qui fit ces populations Andecaves (Angevins) et Pictones (Poitevins) que César dit séparées par la Loire.

La Loire et la Vienne coulaient parallèlement dans la Vallée, la Loire au pied des coteaux de la rive nord, la

Vienne au pied des coteaux de la rive sud, confondant souvent leur cours en une immense nappe d'eau. Comme il n'y avait pas de ponts, c'était une barrière réelle qui séparait les peuplades de la rive droite et de la rive gauche ; elle a dû arrêter et rebuter les envahisseurs venant du nord-est lorsqu'ils n'avaient pas su trouver les gués sinueux qui existaient parfois aux basses eaux pendant l'été.

Des habitations des hommes de cette époque, que nous pouvons déjà appeler Gaulois, il ne reste rien, car, en dehors des habitudes troglodytes fortement enracinées, le type le plus ordinaire de la maison gauloise était la hutte circulaire en torchis, recouverte de chaume, de bruyère ou de branchages, quelques fois de peaux, ou la maison de bois. Ces habitations étaient groupées en petites bourgades ou le plus souvent isolées au milieu de leur terrain de culture avec un enclos pour le bétail ; leurs fragiles vestiges ont disparu après tant de siècles écoulés.

Mais, ce qui reste de ces peuplades si longtemps en guerre entre elles, — jusqu'à l'arrivée des Romains qui furent pour elles l'ennemi commun, — ce sont leurs monuments religieux ou commémoratifs et leurs refuges.

Ces monuments religieux sont les menhirs et les dolmens qui furent adaptés aux transformations d'un culte qui, sous les influences diverses, passa du fétichisme au polythéisme. Les indigènes n'avaient que de vagues croyances qu'ils n'auraient point su matérialiser si le commerce phénicien, et après lui le commerce phocéen, en drainant la Gaule par ses grandes artères comme la Loire, n'avait pas semé sur sa route les principes des religions asiatique et grecque sur lesquelles les Romains greffèrent encore l'empreinte de leur religion si compliquée.

Ce fut alors un mélange inextricable de superstitions et de dieux, dominé cependant par le druidisme celtique dont les prêtres détinrent longtemps le pouvoir temporel comme le pouvoir spirituel. Ce double pouvoir n'était pas une sinécure en un temps où régnaient ces luttes incessantes, entretenues par l'afflux presque ininterrompu de nouveaux envahisseurs cherchant leur place dans ce tassement inachevé.

Le lieu dit *Les Fontaines* fut probablement à cette époque une de ces fontaines sacrées dont le culte se perpétua si longtemps. Il est regrettable qu'il n'y ait pas eu de fouilles méthodiques faites en cet endroit pouvant préciser cette hypothèse qui s'impose à l'esprit de tous ceux qui ont étudié la protohistoire de notre pays. Il est rare d'y trouver une station romaine qui ne se soit pas installée sur une station indigène, laquelle avait été fixée là par un monument religieux.

L'agglomération primitive était installée autour ou au moins à proximité du menhir, comme le village chrétien se groupa autour de son clocher.

Les fontaines et les étangs sacrés ont eu l'avantage de nous conserver dans leurs eaux les ex-voto qui y étaient jetés par la superstition pour apaiser le courroux des dieux, mais les aménagements des temps postérieurs ont enfoui ou dispersé ces reliques du passé auxquelles on n'accordait aucune attention avant la naissance de l'archéologie.

Lorsque les nobles de la Gaule ravirent le pouvoir temporel aux Druides, les luttes devinrent peut-être encore plus vives par la compétition et les ambitions. Aussi, plus que jamais, les populations sentirent le besoin de se garantir contre les incursions des voisins. Le IIe siècle avant Jésus-Christ fut plus particulièrement l'époque de ces camps fortifiés préparés à l'avance pour servir de refuge en temps de guerre. Ce sont ces oppida que César a trouvés dans toute la Gaule et dont il nous a laissé la description.

La position de l'*oppidum* dépendait de la nature du terrain ; il était le plus souvent perché sur une hauteur d'accès difficile ; en pays de plaine il était placé dans une île, au milieu d'un marais, ou dans la boucle d'une rivière.

Chenehutte a eu son oppidum sur le promontoire aux flancs escarpés qui s'avance en éperon au-dessus du village des Tuffeaux. On en retrouve les traces sous le retranchement romain qui lui a été superposé.

Le mur de l'oppidum gaulois était grossièrement bâti de blocs de pierre quelquefois consolidés de pièces de bois leur servant de coffrage. En général il n'était pas continu et seulement établi aux endroits où l'escarpement ne présentait pas une défense suffisante, particulièrement du côté où le promontoire se rattachait au plateau. Là, il était doublé d'un fossé qui barrait son accès. Un simple couloir servait de porte. La hauteur du mur variait également avec l'escarpement. On en cite de 24 mètres.

L'oppidum de Chenehutte était particulièrement bien situé pour son objet, aussi bien pour sa défense que pour son rôle d'observation. Perché sur un promontoire escarpé qui domine la vallée de la Loire de 35 mètres, il permettait la surveillance sur un vaste horizon. Protégé vers l'est et le sud par un ravin profond où coulait un ruisseau torrentueux, il n'avait à se garantir par un retranchement que du côté de l'ouest, c'est-à-dire sur l'isthme qui le reliait au plateau sur une largeur d'environ 250 mètres. On y voit d'ailleurs, indéniablement construit de main d'homme, un gros bourrelet de terre doublé d'un large fossé ; mais il faut faire la part du travail romain qui est venu se superposer sur l'aménagement primitif formé de gros blocs de pierre à sa base.

L'oppidum de Chenehutte ne devait être en somme qu'un réduit de défense, et surtout un poste d'observation sur la vallée de la Loire pour les habitants réfugiés dans les grottes du coteau ou dans l'épaisse forêt qui couvrait tout le plateau.

Outre leurs bourgades, qui avaient plutôt l'aspect de nos villages les plus clairsemés, les Gaulois avaient quelques grands centres habités, séjours habituels de commerçants et d'industriels qu'on ne pouvait abandonner en cas d'alerte et qui, pour cette raison, étaient fortifiés et servaient en même temps de refuge aux habitants des campagnes. Il ne faudrait pas cependant imaginer des villes, malgré la qualification que leur donne César dans ses commentaires, c'était au plus une agglomération de hangars et de masures servant de boutiques et d'entrepôts, toutes les habitations riches étant disséminées dans les campagnes au milieu des terres leur servant de dépendance.

Il est peu probable que l'oppidum gaulois de Chenehutte ait été un de ces centres de commerce, étant donnée l'étroitesse de l'enceinte, à moins que l'agglomération ait débordé au dehors sur l'emplacement où fut située la ville gallo-romaine d'Orvanne, dont elle aurait été l'origine.

Les vestiges de ces centres habités gaulois sont difficiles à constater à cause du peu de résistance des constructions de cette époque. Il n'en est pas de même des remparts en blocs de pierre dont on peut encore constater l'existence sous le retranchement fait par les Romains, substruction qui ne peut leur être attribuée puisqu'ils ne construisaient pas de cette manière.

Chenehutte se trouvait sur l'une des *deux grandes voies commerciales* par lesquelles les Phéniciens et après eux les Massaliotes draînèrent la Gaule. Le commerce des peuples de la Méditerannée pénétrait au cœur de la Gaule par le Rhône et la Saône et, se reliant par terre à la Seine et à la Loire, gagnait, par ces deux grands fleuves, la Manche et l'Océan. Les Arvernes, qui tenaient le nœud de croisement de ces deux routes, furent les principaux agents de ce commerce étranger et les introducteurs de la langue et de la monnaie grecques dans notre région où l'on constate encore les traces de l'une et de l'autre.

Il est difficile également de retrouver les débris d'armes de cette époque qui, toutes, étaient des armes portatives de fabrication assez légère, pour la plupart de bois et de bronze combinés, et qui par conséquent furent aisément détruites par le temps ou utilisées comme les ustensiles pour la refonte.

Quant aux *sépultures* de cette période, rares sont celles qui sont parvenues jusqu'à nous et cela pour plusieurs raisons au premier rang desquelles il faut mettre l'absence de cercueils protecteurs de l'inhumation. Les sépultures, d'ailleurs, variaient de genre comme les croyances qui se partageaient la population si mélangée. Mais on peut dire que c'était l'incinération qui dominait. L'incinération avait été importée avec l'usage du bronze par les envahisseurs ; elle se pratiquait différemment snivant les modifications locales, suivant la partie dominante de la race dans la fusion qui s'était faite ; elle était mitigée aussi, en certains endroits, de la continuation du rite funéraire primitif des indigènes — l'inhumation — sorte de sépulture qui semble aussi avoir été réservée à certains individus sans qu'on puisse encore en préciser la raison.

On pourrait s'étonner de ne pas retrouver dans notre région le nouveau genre de sépulture importé par l'arrière-banc des Celtes, dont les cimetières de la Marne nous ont révélé les coutumes funéraires. Cela prouve tout simplement que ces nouveaux envahisseurs ne pénétrèrent pas au-delà de la Loire ou qu'ils ne firent qu'y passer sans y laisser l'empreinte de leurs mœurs.

On a trouvé dans l'enceinte de l'oppidum de Chenehutte une *épée*, des *bracelets* et des *pendeloques en bronze*, certainement gaulois, que conserve le Musée de Saumur.

Les sépultures qu'on rencontre en si grand nombre sur le plateau ne datent, pour les plus anciennes, que de l'époque gallo-romaine. C'est en effet l'époque qui a transformé pour toutes les classes la sépulture en monument, par l'usage des urnes funéraires, des cipes, des stèles, puis des tombeaux.

Gallo-Romain. — La légende, en donnant le nom de camp de César à tous les vestiges romains, a influencé les présomptions à leur égard. Il ne faut pas confondre l'époque de la conquête des Romains et l'époque de leur occupation, qu'on appelle plus particulièrement l'époque gallo-romaine. Dans notre pays, la conquête fut courte et pour ainsi dire passagère. Jules César ne vint en Anjou que pour préparer son expédition maritime contre les Vénètes. Il ne passa pas sur la rive gauche de la Loire et n'eut pas besoin d'installer des postes militaires sur cette rive, étant bien protégé par le grand cours d'eau.

Que le pays au sud du fleuve ait été parcouru par des

détachements, c'est possible. Que ces détachements se soient arrêtés momentanément en ce point de Chenehutte, si bien placé pour l'observation de la vallée, c'est encore possible, mais aucun vestige ne le prouve.

Au contraire, il est très probable que les Gaulois de la rive gauche, menacés par l'invasion romaine, se sont retirés dans leurs oppida après avoir caché leur avoir et même leur bétail dans les excavations du coteau. Et l'on est en droit de supposer que l'oppidum gaulois de Chenehutte fut un de ces refuges d'où les habitants fouillaient l'horizon de la vallée de leurs regards anxieux.

On raconte encore dans le pays que les *grandes caves du Petit Vau*, dans le ravin du Ru d'Enfer, et celles de la *Mimerolle*, qui sont aujourd'hui des galeries souterraines de plus de 2 kilomètres, servirent, dès cette époque, de cachettes dont on prétend avoir retrouvé des traces d'aménagement.

Il est possible que des détachements romains aient été attirés à Chenehutte par l'oppidum et qu'il y ait eu tentative pour déloger les réfugiés ; mais encore rien ne le prouve.

Il ne faut pas croire — dit Bodin — que le camp de Chenehutte n'ait pas été tenu par César, parce qu'on n'y trouve pas de médailles de ce prince, puisqu'on sait aussi qu'il ne fit frapper de monnaie à son type qu'à son retour de la conquête des Gaules.

Et, pour appuyer la possibilité de cette hypothèse, Bodin ajoute :

Si l'on examine la belle position du camp de Chenehutte, on voit qu'elle est telle que Polybe et Végèce la prescrivent dans leurs ouvrages, et telle que César la choisissait lui-même, lorsque les localités le permettaient ; ce qui peut faire présumer qu'il a été établi par ce conquérant.

On sait que les Romains avaient deux manières de camper. S'ils ne devaient passer que très peu de temps à un endroit, même une seule nuit, ils se retranchaient en faisant un fossé et une petite levée de terre bien palissadée. Aussitôt que les lignes étaient tracées, chaque soldat se mettait à l'ouvrage avec une extrême diligence, et en quelques heures une légion était en sûreté. Ils nommaient ces sortes de camps subita, temporanea, tumultuaria castra.

Si, au contraire, ils devaient prendre un poste fixe, soit pour protéger un passage, soit pour maintenir un canton dans le devoir, alors ils formaient des camps à demeure, qu'ils appelaient stativa castra, et ils les fortifiaient suivant toutes les règles. Le camp de Chenehutte était de cette sorte.

Il est à croire que si cette position militaire très avantageuse fut occupée par les Romains, au temps de César, ce ne dut être que tout à fait passagèrement et plus particulièrement au moment de la *retraite de Dumnacus*, le héros angevin, qui lutta si vaillamment pour l'indépendance de sa patrie.

Croyant César retenu à Rome pour apaiser des troubles, les Andécaves pensèrent qu'ils pouvaient saisir cette occasion pour secouer le joug étranger. Ils se rassemblèrent sous Dumnacus, leur chef, brûlèrent leurs villes qui n'étaient bâties qu'en bois, afin d'ôter toutes ressources aux Romains, et allèrent ensuite assiéger

Lemonum ou Limonium, ville des Pictaves qui s'étaient déclarés pour les Romains (53 av. J.-C.).

Caninius, lieutenant de César en Auvergne, instruit des projets des Andécaves, avance au secours de la place ; mais à la vue des forces de l'ennemi il s'arrête et se renferme dans un de ces camps nommés subita-castra en attendant un renfort. Dumnacus, prévenu de l'arrivée de Caninius, veut prendre l'offensive ; il lève le siège et court attaquer les Romains dans leurs retranchements ; mais, vigoureusement repoussé, il se replie sur Limonium, et il allait reprendre les travaux du siège lorsqu'il apprit que Fabius, autre général romain, s'avançait à grandes journées avec un nombreux corps de cavalerie. Se voyant sur le point d'être enveloppé par des forces bien supérieures aux siennes, Dumnacus ordonna la retraite et marcha sur la Loire. Lorsqu'il y arriva, Fabius, qui le harcelait dans sa retraite, occupait déjà ce passage, le seul par où Dumnacus pouvait rentrer dans son pays. Alors un combat sanglant s'engagea entre les deux armées ; les Andécaves, avec toute l'énergie que donne le désespoir, vendirent chèrement leur vie ; mais enfin ils succombèrent sous le nombre, et furent presque entièrement détruits. Douze mille des leurs restèrent sur le champ de bataille, et leur chef, échappé avec quelques soldats, fut poursuivi jusque dans le pays Chartrain, où l'on dit qu'il fut tué.

On a prétendu que, lors de cette retraite mémorable, l'oppidum de Chenehutte dut être occupé successivement par les troupes gauloises et par les troupes romaines qui les poursuivaient.

Ce qui est indéniable, c'est le passage, au moins à proximité, de l'armée angevine de Dumnacus, repoussée de Poitiers, et, à sa suite, des colonnes romaines des lieutenants de César qui la poursuivaient. Ce qui est certain, c'est que les Andécaves livrèrent dans le pays environnant des combats d'arrière-garde acharnés pour se dégager.

Où passèrent-ils la Loire ? Cela n'est pas encore bien démontré. On dit qu'il en passa à Chenehutte et qu'à leur suite l'oppidum fut occupé par les Romains qui le transformèrent en camp d'occupation.

Sans imaginer des contingents considérables pour les armées de cette époque-là, on peut se rendre compte que la position ne comportait de la place que pour un détachement.

S'il est admissible que les deux adversaires aient pu songer à passer la Loire en ce point, le fleuve y étant coupé d'une île et de grands bancs de sable qui le rendent guéable à certains moments, il n'y a rien qui puisse le prouver sinon que Chenehutte fut incontestablement depuis une *station romaine*, longuement occupée comme le prouvent les monnaies qu'on y a ramassées ; et tout porte à croire qu'il y eut là un poste militaire.

En effet, la raison d'être de cette station, dont on recueille aujourd'hui encore tant de vestiges, fut évidemment la surveillance de la vallée et du passage situé en cet endroit.

On peut objecter qu'on ne trouve pas mention de Chenehutte dans la Notitia dignitatum qui nous apprend les noms des légions et le lieu où elles résidaient ainsi que les différents corps de *lètes*, ou soldats-laboureurs, auxquels les empereurs donnaient des terres, des prœdia militaria, à la charge de les cultiver et de défendre l'empire. Mais la garnison de Chenehutte devait être trop minime pour mériter d'être mentionnée.

A défaut d'autres preuves, d'ailleurs, la proximité des établissements romains importants de Bagneux et de Gennes, et surtout les nombreux débris romains trouvés dans l'intérieur du retranchement, suffiraient à laisser penser qu'il y eut là une garnison. Une population ne se serait pas condamnée à cet enserrement.

Le poste était admirablement situé pour son objet, sur cet éperon escarpé choisi par les Gaulois. Il suffisait d'en interdire l'accès par le plateau en renforçant le rempart gaulois de ce côté par un bourrelet de terre et un fossé. Le *rempart romain* existe encore, son relief varie de 4 à 7 mètres et sa plus grande épaisseur est de 30 m. Sa longueur est de 252 m. Le fossé, très visible également, a été en partie comblé.

Le périmètre du camp, nettement limité sur trois côtés par les escarpements et sur le quatrième par le rempart, mesure 950 mètres. Sa longueur est de 370 m., et sa largeur de 240 m. Il pouvait contenir une demi-légion, c'est-à-dire 3,000 hommes.

L'intérieur du camp a eu sa surface bouleversée par la culture, aussi n'y trouve-t-on plus que des tessons effrités par les chocs successifs de la charrue. Cependant ces débris restent intéressants par leur grande variété. C'est dans les amas formés sur le pourtour par les dégagements de la culture qu'on a le plus de chances de trouver des gros fragments, et, mieux encore, en creusant le sol qui n'a jamais été fouillé qu'en certains points et pas à plus de 1 m. 50.

On trouve en grande quantité des morceaux de *grosses briques*, de *tuiles à rebord*, de *poteries grossières et fines, noires, bleuâtres, jaunes, roses.*

Il faut rechercher plus spécialement les débris de poteries en terre rouge vernissée d'une couleur de corail, poterie fine dite samienne, dont l'ornementation en relief est très délicate et présente cette particularité de n'être pas moulée, mais faite à la main. Il en a été recueilli par le Musée de Saumur et par des particuliers des échantillons qui montrent des sujets avec personnages très habilement traités. Il est intéressant de trouver la partie du vase qui porte la *signature du potier*, c'est la date de l'objet. Cette signature se trouve généralement sur le pied. Les Romains avaient l'habitude de marquer leurs poteries du nom du potier ou du propriétaire qui les avait fait fabriquer ; ils y ajoutaient quelquefois les noms des consuls sous lesquels ces ouvrages étaient faits.

Dans l'intérieur du camp on a trouvé des *substructions* qui n'ont pas encore été définies. Il ne fait pas de doute que des fouilles méthodiques mettraient au jour des vestiges pouvant être interprétés. Le hasard a déjà fait découvrir une sorte de *cuve en béton*, de forme hexagonale, large de 1 m. 40, profonde de 1 m. 30, à laquelle aboutissaient deux conduites d'eau.

En creusant pour planter la vigne qui est dans le camp, les vignerons découvrirent, vers 1820, à un mètre de profondeur, une *aire* solide, de la nature de la brique, et qui paraissait d'un seul morceau. Elle était extrêmement dure ; ils ne purent l'entamer, ni avec le pic, ni avec une barre de fer. Cet endroit fut recouvert de terre et la vigne plantée dessus.

Sur un des versants, du côté sud, on voyait, en 1854, une agglomération d'esquilles d'ossements d'animaux qui provenaient sans doute du *marcellum*, lieu où l'on abattait et distribuait les viandes.

On voyait aussi, dans le même camp, une *citerne* carrée, enduite de ciment rose, qui venait d'être découverte.

En octobre 1856, on trouva un autre *bassin*, celui-ci octogonal, ayant 1 m. 95 de diamètre, encombré de tuiles tégulaires, d'une couche de charbon qui paraissait provenir de charpentes incendiées, et, enfin, d'une seconde couche, celle-ci de blé carbonisé.

On a recueilli dans le camp de Chenehutte une grande quantité de médailles du haut empire, frappées depuis le règne d'Auguste jusqu'à ceux des Antonins,

« Ce qui prouverait — dit Bodin — que ce camp n'a été occupé par les Romains que jusqu'à cette dernière époque ».

Quant à la date de son établissement, on ne peut la fixer par les médailles ; car, malgré qu'on y trouve des monnaies d'Auguste, il n'en est pas moins possible qu'il ait été établi sous Trajan, par exemple, puisque, sous le règne de ce prince, les monnaies d'Auguste avaient encore cours.

L'occupation par les Romains de ce camp retranché ne peut être être mise en doute étant donnés tous les vestiges qu'on y trouve. D'ailleurs, une *voie romaine*, qui existe encore, reliait ce poste militaire à la grande voie romaine de Gennes à Doué-la-Fontaine avec embranchement sur Saumur.

Le tronçon qui allait du camp à la grande voie avait 500 m. de long. Il est reconnaissable à son tracé en ligne droite sur le bord du ravin d'Enfer, et de façon que l'évacuation du camp put se faire dissimulée aux vues du plateau, c'est-à-dire en défilement, suivant le terme de fortification.

Les voies romaines étaient construites de façons différentes selon les matériaux trouvés sur place, celle-ci étant entretenue aujourd'hui comme chemin communal a subi un empierrement qui dissimule sa construction romaine, mais Bodin l'a décrite :

Sa largeur était de 4 à 5 mètres, elle formait un chemin couvert pratiqué au-dessous du camp, le long et sur le versant oriental du coteau. Cette voie était soutenue çà et là par un mur rustique de 2 mètres de hauteur. La coupe de cette voie présentait : 1° des pavés non taillés ; 2° une couche de tessons de briques ; 3° de vieilles ferrailles ; 4° des ossements d'animaux ; 5° des mâchefers.

C'est sous le règne d'Auguste que furent achevées les voies de communication : Angers-Poitiers par Doué ; Angers-Saumur par Gennes et Chenehutte ; Angers-Tours, par Beaufort, Longué, Vivy (via Vetus), Allonnes, Bourgueil.

La plupart des historiens situent à Chenehutte la station romaine *Robrica* dont fait mention la carte Théodosienne, dite de Peutinger, la plus ancienne des cartes de la Gaule.

Cette carte, très rudimentaire, se borne à indiquer quelques points comme Robrica et Segora en marquant en lieues gauloises leur distance d'Angers (Juliomagus). Quant à l'orientation topographique, elle n'existe pas, de sorte qu'on est réduit à chercher Robrica dans le rayon du nombre de lieues indiqué, et, ce qui complique cette recherche, c'est qu'on n'est pas fixé sur la valeur de la lieue gauloise. Mais Chenehutte cependant semble le mieux répondre à la situation de cette station romaine et les voies de communication suffiraient à justifier la présence d'une garnison militaire en ce point pour la surveillance de la vallée. Il n'est pas inutile de rappeler qu'en face, sur l'autre rive de la vallée, au sommet du coteau de Blou également taillé en promontoire, existent les ruines d'une station romaine qui pouvait aisément communiquer par la vue avec celle de Chenehutte et devait concourir avec elle à la surveillance de la vallée.

En résumé, il paraît indiscutable que le camp de Chenehutte fut une station militaire pendant l'occupation romaine.

On voit au fond du ravin de Chenehutte une vieille maison qu'on nomme *la Marquerie.* Une tradition locale dit que c'est en cet endroit que les Romains enrôlaient et marquaient d'une feuille de lierre au bras droit les Gaulois qu'ils forçaient à se ranger sous les aigles romaines, ou qu'ils recrutaient comme convoyeurs, ouvriers ou autres auxiliaires. Ce serait la raison pour laquelle cette maison est encore appelée la Marquerie.

Le petit cours d'eau qui coule dans ce ravin s'appelle le *ru d'Enfer,* nom énigmatique, mais qui probablement ne signifie que inférieur : *rivus inferior.* Il ne fait pas de doute que ses eaux aient été utilisées par les Romains, aussi doit-on trouver les traces de leurs travaux de captation dans cette petite vallée. Il y a été fait des barrages pour faire tourner des moulins; l'idée première de ces endiguements pourrait bien revenir aux Romains.

Bodin a signalé une *ville gallo-romaine* qui aurait été située à 100 m. à l'ouest du camp de Chenehutte et dont l'étendue pouvait être de 1,200 m. de longueur sur 1,000 de largeur. Il la nomme Orvanne ou Orval :

« L'emplacement qu'elle occupait se nomme les Sables, nom qui lui vient sans doute de la nature du sol, qui ne présente partout qu'un sable fin mêlé d'un peu de terre végétale. Il faut fouiller ce champ et voir les nombreux débris qu'il renferme pour se persuader qu'il y avait là une ville.

« En faisant creuser à divers endroits de cette plaine sablonneuse, j'ai trouvé, à un mètre de profondeur, plusieurs morceaux de vases de verre, les uns blancs, les autres bleus. Parmi les premiers, il y en a qui sont ornés de godrons en relief : on juge, par la courbure de l'un de ces fragments, que le vase auquel il appartenait avait dix-sept centimètres de diamètre; c'était probablement une coupe à l'usage de la table.

« Je n'ai découvert aucune trace de murailles, soit que mes fouilles ne se soient pas portées sur les endroits qui en récèlent encore quelques vestiges, soit que cette ville ayant été détruite de fond en comble, il ne soit pas resté pierre sur pierre.

« En creusant autour de son enceinte présumée, j'ai trouvé sur le bord d'un fossé qui sépare le champ des Sables d'un bois-taillis une mine de fer en sables, ou arénacée. Cette mine se trouve à la surface de la terre, sur le point le plus élevé et le plus sec de la contrée. J'ignore si les anciens habitants d'Orvanne l'ont connue, mais on n'aperçoit aucune excavation qui puisse le faire présumer ».

Depuis les fouilles de Bodin on a encore trouvé dans le champ des Sables, à un mètre sous terre, un parquet en ciment qui a été aussitôt recouvert.

Il n'a jamais été fait, sur l'emplacement de cette ville — ou villa — disparue, de fouilles profondes pouvant mettre à jour des substructions. Quant aux superstructures, il n'en reste rien d'apparent ; mais les pierres de construction ont pu être dispersées ou utilisées par les générations suivantes qui, dans beaucoup d'endroits, ont fait de la chaux avec les débris des anciens monuments.

Quand cette ville a-t-elle pu disparaître ? Peut-être au moment de la révolution des Paysans gaulois au IIIe siècle, révolte dite des Bagaudes, ou plus probablement après avoir été ruinée par les invasions normandes qui ont tant de fois ravagé les bords de la Loire. Les pierres ont peut-être servi à édifier le prieuré construit tout auprès par les moines après l'expulsion des Normands.

Si cette ville datait de l'occupation romaine elle avait été édifiée peu à peu auprès de la station militaire dont elle était le complément et avait probablement été construite en grande partie en bois, ce qui explique sa disparition. D'ailleurs, il y a de nombreuses villes gallo-romaines dont on ne trouve plus aucune trace, comme celle de Lezon (Saint-Just-sur-Dive) pour ne citer qu'un exemple dans notre pays.

Il est en effet supposable que la station militaire de Chenehutte attira l'installation de nombreux baraquements de mercanti et d'auxiliaires qui, par la suite, se transformèrent en une agglomération d'habitations. Elle a pu aussi être l'œuvre de ces soldats-laboureurs que les Romains appelaient *Letes* et auxquels ils concédaient des terres pour les habiter.

Si l'occupation romaine a laissé des traces certaines sur le plateau de Chenehutte, elle en a laissé également aux alentours. La Mimerolle était une *villa gallo-romaine* que traversait la voie de Chenehutte à Saumur.

Quant au *cimetière,* signalé par Bodin, auprès du camp, on y trouve encore aujourd'hui de nombreux sarcophages en pierre coquillière de Doué disposés en certains endroits sur plusieurs étages. Il y a eu là une *nécropole considérable* et les divers modes de sépulture qu'on y rencontre prouvent qu'elle a été fort longtemps en usage. La chapelle du prieuré et l'église paroissiale y ont prolongé cet usage ; le cimetière d'aujourd'hui y est encore situé. Aussi trouve-t-on en cet endroit une grande variété dans les modes de sépulture, depuis l'incinération primitive jusqu'à l'inhumation payenne et chrétienne.

Bodin rapporte que le fermier du prieuré de Chenehutte, en labourant près du camp, trouva un sarcophage qui, au lieu de renfermer un squelette comme les autres, ne contenait qu'un vase rempli d'os et de cendre. Comme cette découverte n'offrait aucun intérêt à celui qui venait de la faire, l'*urne cinéraire* fut brisée et le tombeau détruit.

On voit autour de l'enceinte du camp du côté de la plaine — dit encore Bodin — un grand nombre de vestiges de tombeaux en pierre coquillière, qui ont probablement servi à la sépulture des chefs et d'officiers des légions. Il y a encore plusieurs de ces tombeaux qui sont entiers ; j'en ai fait ouvrir quatre dont les squelettes étaient très bien conservés ; on a trouvé, près de leur tête, des morceaux de vases de terre grise.

Quoi qu'il en soit, il est sans conteste que la nécropole ancienne date au moins de l'époque gallo-romaine.

Les pratiques de l'incinération, lors de la conquête

romaine, consistaient à creuser le terrain près duquel s'élevait le bûcher ; la flamme dévorait le cadavre, et ses cendres, confondues avec celles du bois, étaient ensuite jetées au fond de la fosse, après toutefois que de pieuses mains en avaient recueilli plusieurs poignées dans de petites urnes. On plaçait ensuite ces urnes avec des vases de diverses sortes et des fioles de parfums sur le dépôt entier que l'on couvrait de terre, puis d'une colonne ou d'un cippe.

Ces monuments extérieurs, cippes, colonnes, etc., ont disparu, un certain nombre pour aller s'engloutir, lors des invasions barbares, dans les fondations des murailles d'enceinte.

On a trouvé également à Chenehutte plusieurs sarcophages à deux et même trois places (*Bisomus* et *Trisomus*). Les poteries qu'ils recélaient indiquent par leurs marques le Ier siècle avant J.-C.

C'est vers le commencement du IVe siècle que les Gallo-Romains abandonnèrent l'usage de brûler les corps et revinrent à l'ancienne coutume de les enterrer. C'est l'époque de l'introduction du Christianisme dans notre région. A cette période d'inhumation se rattachent les cercueils sous crypte, les cercueils en pleine terre, les cercueils sans signes chrétiens, et les cercueils avec signes chrétiens.

Ces signes, qui souvent n'étaient que gravés en creux, sont difficiles à relever sur ces sarcophages en pierre coquillière, spongieuse de nature et très facilement salpêtrée, surtout étant donné que les tombeaux dont il est question ne sont protégés des eaux pluviales que par une couche de terre très peu épaisse.

Le IVe siècle est une époque de transition pendant laquelle les usages chrétiens n'avaient pas encore complètement triomphé des traditions payennes. De là d'assez grandes difficultés pour dater les sépultures ; de là aussi des mélanges et des confusions fort extraordinaires.

On a trouvé à Angers une sépulture avec une monnaie placée dans la main du cadavre, sans doute pour solder le passage de l'Achéron. Cette sépulture paraît cependant se rattacher au christianisme par le *chi* grec, lettre initiale du monogramme du Christ.

Sur ce cercueil, divers éléments religieux sont donc en présence ; l'un païen, l'autre chrétien ; ce qui détermine à dire qu'il doit appartenir à cette période du milieu du IVe siècle, durant laquelle s'opéra en Anjou la transition du paganisme au christianisme. Son orientation n'est pas chrétienne, les pieds n'étant pas à l'est mais au nord ; d'où il suit, réflexion faite, que le défunt de ce cercueil doit être classé parmi ces payens qui, à l'exemple d'Alexandre-Sévère et des Gnostiques, admettaient dans leurs croyances divers symboles du christianisme. Ou bien ne serait-on pas là en présence de la sépulture d'un véritable chrétien dont un parent resté païen aurait voulu assurer — selon ses propres croyances — le passage dans l'autre monde, en lui mettant dans la main l'obole destinée à payer son péage au funèbre nautonnier des enfers.

En résumé, jusqu'au ve siècle, les habitudes du paganisme furent conservées sinon par tous les habitants de l'Anjou, au moins par un grand nombre, et il ne faudrait même pas s'étonner de trouver encore à cette époque des urnes cinéraires dans les sépultures.

Au commencement du ve siècle, le paganisme régnait encore dans nos contrées, puisque dans le premier tiers du ve siècle nous voyons un évêque d'Angers, saint Maurille, le combattre avec persévérance.

Dans quelques-uns des tombeaux de Chenehutte — dit Bodin, qui en a beaucoup fouillé — on trouve des morceaux de vases d'une terre fine et noire, mais point d'inscriptions, point de médailles comme dans les tombeaux romains ; l'on ne voit ni gravure ni sculpture sur ces anciens monuments.

Des fouilles attentives ont été faites, il y a une dizaine d'années, à travers cette nécropole par l'abbé Bossard qui trouva dans un de ces cercueils de pierre une épée de fer et dans un autre une émeraude grossière qui semblait montée en fer. Tout récemment, 1911, une percée dans le taillis situé à l'ouest du château du Prieuré a fait découvrir une série de sarcophages juxtaposés qui semblent marquer la limite de la nécropole de ce côté. Ces tombes, trouvées à fleur de terre, ont été en partie détruites par la pioche des travailleurs malgré les recommandations de M. de Castellane, propriétaire du château, et malgré les soins de l'architecte, M. Moreau. On a pu cependant en sauver plusieurs entiers.

On a pu constater que ces cercueils avaient, pour la plupart, l'*orientation nord-sud*, quelques-uns cependant sont inclinés vers l'est. La plupart ont deux mètres de long à l'intérieur ; dans les autres, malgré des dimensions moyennes, on trouve des ossements qui révèlent de hautes statures.

Il est à remarquer que, sur ces confins de la nécropole, le sol est hérissé de gros blocs de grès qui émergent du sous-sol dans leur position naturelle. L'inhumation y a donc été pratiquée sans déplacement préalable, en profitant des espaces libres entre ces rochers, ce qui est une preuve de plus de l'extension successive de ce vaste cimetière, qui occupe une superficie de plusieurs hectares, tenant tout le bord du plateau.

Cette percée récente, ayant pour direction principale nord-sud, a marqué la limite de la nécropole vers l'ouest et a mis à jour de nombreux tessons de briques à rebord et de vases, vestiges de l'habitation du plateau.

C'est par centaines qu'il faudrait compter les sarcophages exhumés en ce lieu par les travaux de défoncement opérés de différents côtés pour les besoins de la culture ou autres aménagements. Les vieux murs du prieuré montrent qu'il en a été déjà fait remploi dans leur construction. Et c'est chose surprenante qu'on trouve en cet endroit tant de tombeaux pour si peu d'habitations qui subsistent aujourd'hui (1).

Il ne fait pas de doute que le village des Tuffeaux a dû de tout temps mettre ses morts à l'abri des inondations en les enterrant sur le plateau — surtout avant la construction de la levée — mais, à voir le petit cimetière actuel qui suffit à la population, on ne peut qu'être frappé de la grande disproportion du cimetière antique.

Faut-il croire à la tradition qui dit qu'une « *ville* » existait autrefois sur la Loire au pied du coteau et qu'elle fut « *engloutie* » par une inondation ? La légende ajoute que l'église fut renversée et que la cloche, tombée au fond d'un gouffre, continue de sonner toutes les nuits de Noël.

Ce qu'il y a de plus suggestif dans la nécropole de Chenehutte, c'est la *dimension considérable de la plupart des sarcophages*. Plusieurs de ces tombeaux ont plus de deux mètres à l'intérieur et les squelettes touchent aux deux bouts. Les hautes statures, des femmes comme des hommes, ont fait penser qu'il y avait à Chenehutte une population spéciale : peut-être des auxiliaires des Romains amenés avec eux du Nord de la Gaule ou même de la Germanie, à moins que ce ne soient les sépultures d'une colonie de Francks établie en cet endroit.

(1) Je serais assez disposé à croire qu'il y eut là un dépôt de ces sarcophages qu'on fabriquait à Doué-la-Fontaine et à Thouarcé. Ils étaient expédiés au loin. Chenehutte a pu être un de leurs ports d'embarquement sur la Loire pour le transport par bateaux. (Chanoine Urseau).

Gallo-Franc. — Quelle fut la répercussion des invasions germaines sur la petite région de Chenehutte, on ne saurait le dire.

Ce qui est certain, c'est que les premières hordes de la Germanie, ravageant tout sur leur passage, jetèrent une grande perturbation dans toute la Gaule et amenèrent la destruction d'un grand nombre de monuments civils pour la construction d'enceintes de protection.

Dans les murs des châteaux ou enceintes qui subsistent on trouve des débris sculptés et des fragments de colonnes provenant des constructions antérieures.

Le nom de *Châtelier* qu'on donne à Chenehutte dans le pays — dit Bodin — indique qu'il y avait, en cet endroit, une forteresse ou château ; et la grande quantité de briques qui s'y rencontrent confirme cette opinion.

Et il en conclut à la preuve d'un camp romain à cette place.

Il ne faut pas voir des camps romains dans tous les lieux dits Châteliers, mais simplement des postes militaires, qui avaient été si bien choisis qu'ils ont été conservés par les Gallo-Francks et se sont maintenus jusqu'aux invasions Sarrasines. De là, ces stations militaires si répandues dans notre pays et qui se révèlent par les noms de châtelais, châtelet, châtelier, chatelard, chatellière. Il ne faudrait donc pas restreindre ce système militaire à l'époque gallo-romaine ; le nom de châtelier peut certifier au contraire que la position occupée par les Romains continua de l'être après eux.

Il est plus que probable que Chenehutte fut un de ces nombreux retranchements élevés au IVe ou au Ve siècle, pendant les invasions, pour servir de refuges aux populations contre les ravages des barbares. Si l'opinion, qui tend à prévaloir aujourd'hui dans la science est que la plupart des prétendus camps romains de l'intérieur n'auraient été que des camps de refuge de cette même époque, à Chenehutte ce n'est pas le cas. L'installation est trop grossière pour dater de là. Elle fut utilisée à ce moment comme refuge, c'est supposable, mais je crois avoir donné des preuves suffisantes de son occupation antérieure.

Les peuples germaniques, en se confondant avec la population gallo-romaine, conservèrent leurs habitudes: ils préféraient la vie des champs à celle des villes. Il n'en est que plus difficile de retrouver les vestiges de leur installation, car le système de clôture qu'ils adoptèrent pour l'habitation qu'ils occupaient au centre de leurs domaines et des villages qui se formaient près d'eux, devait consister en haies vives, en fossés et en talus garnis de pièces de bois.

Comme ils occupèrent souvent les villas ou établissements ruraux des populations gallo-romaines, ils durent en conserver les principales distributions.

Il faut arriver au VIe siècle pour trouver un commencement de précision au sujet de Chenehutte qui est alors appelé *Carnona* — *Carnonensis pagus in territorio Andegavensi* (Grégoire de Tours).

D'où vient ce premier nom de *Carnona?* Aucune indication n'est donnée par les rares documents de cette époque. Vient-il du vieux mot celte carno qui signifie corne, trompette guerrière, ou de la situation en forme de corne, de promontoire ? Vient-il de cet autre mot celte *carn*, qui veut dire amas de pierres et qu'on retrouve dans la formation de plusieurs noms de lieux, par exemple Carnac. Ce ne sont là que des hypothèses vagues.

* * *

IXe siècle. — En 844 Chenehutte est une *viguerie. Villa quæ vocatur Carnona super flumen Ligeris.* (Dom Bouquet et Cart. Noir de la Cathédrale d'Angers).

Il est à noter que l'on a trouvé dans l'un des tombeaux en pierre coquillière une *monnaie en argent* du IXe siècle, avec cette inscription: *Castro-Kainoni.* Célestin Port y voit une monnaie de Chinon qu'il faut se défendre, ajoute-t-il, malgré la forme primitive presque identique du nom latin de Chenehutte et la tentation de la rencontre, de prendre pour une monnaie locale.

Ce ne serait pas cependant chose invraisemblable — sauf la déformation du nom Carnoni en Kainoni — puisque la ville de Lezon (Saint-Just-sur-Dive) qui n'a pas laissé plus de traces que Chenehutte, avait sa frappe de monnaie.

Quant à l'appellation de *Castrum*, elle ne doit pas non plus nous surprendre. Chenehutte, pendant les invasions normandes, a dû se resserrer dans une enceinte, castrum ou refuge fortifié, pour les populations de la vallée. Les retranchements du camp romain furent certainement utilisés.

La villa est domaine de Saint-Maurice d'Angers.

En 845, la Mimerolle s'appelle *Villa Minerola* (Cart. Saint-Maur, ch. 19). Il existait à la Mimerolle, dès le IXe siècle, une *église dédiée à Notre-Dame et à saint Martin*, qui peut être celle de la paroisse dite aujourd'hui des Tuffeaux. Elle fut détachée avec une partie de la villa et donnée par Charles le Chauve à Saint-Maur.

Xe siècle. — Au Xe siècle, Chenehutte n'est plus qu'un domaine, *possessio*, de Saint-Florent-le-Vieil, à qui nombre de bulles le confirment. Des moines sont venus s'installer dans le pays dévasté et ont créé une *paroisse*, centre nouveau de ralliement, à l'extrémité du plateau et en dehors de la ruine abandonnée. Chenehutte est appelé *Vicaria castri carnonis in pago Andegavo* (Livre d'argent des cartulaires de Saint-Florent) 905 à 920.

Outre la paroisse, dont dépendaient les chapelles de

Sainte-Radégonde (La Mimerolle), de Saint-Jean-de-la Ronde et aussi de Saint-Lambert-des-Levées, il est constitué un *prieuré* ayant une partie de ses revenus sur la rive droite de la Loire, notamment en Saint-Martin-de-la-Place.

Certains des cercueils en pierre coquillière, lors de leur découverte, ont été attribués au xe siècle, notamment ceux dont on voit encore les débris à mi-côte du chemin qui monte de l'église des Tuffeaux au camp romain.

Ce sont ces mêmes sarcophages que Bodin a signalés environnant en grand nombre le lieu où était cette ville d'Orvanne qu'il situe sur le plateau auprès du camp. Ils sont composés de deux pierres dont l'une forme la caisse, et l'autre sert de couvercle. Les dessus ou couvercles sont faits de différentes manières ; les plus communs sont à surface plane et leur épaisseur est semblable à celle de la caisse, c'est-à-dire de sept à huit centimètres. Il y en a qui sont arrondis par dessus, dont le profil présente un segment de cercle ; et d'autres qui ont la forme d'un toit aplati.

J'ai remarqué — dit Bodin — plusieurs de ces tombeaux qui, au lieu d'être placés de niveau comme les autres, sont sur un plan incliné, de sorte que les pieds sont beaucoup plus bas que la tête ; mais tous sont dans la même direction que ceux qui se rencontrent autour du camp, ils ont la face tournée vers l'orient.

Il est probable que dès lors la nécropole devint le cimetière à la fois du Prieuré et de Chenehutte, aussi serait-il intéressant de découvrir la partie réservée aux sépultures des moines qui devaient être différentes de celle des habitants. Jusqu'ici on n'a pu établir cette distinction. Il est au moins probable que le cimetière des moines était attenant à la chapelle du Prieuré, selon la coutume.

Les quelques restes de l'église du Prieuré montrent encore la trace d'une baie romane enmurée dont les longs et étroits claveaux s'encadrent dans un lit épais de ciment rose, peint en rouge, à l'imitation de la brique qui en forme la ceinture extérieure. Les murs sont en appareil moyen régulier, baignant dans le ciment et formant le revêtement d'un épais blocage. On y voit implantées de champ d'énormes briques (x[e] et xie siècles).

***

XIe siècle. — La population descendit peu à peu du plateau dans la vallée et construisit, dès le xie siècle, l'*église des Tuffeaux*.

Cette église, bâtie le long de l'ancien chemin, est orientée au sud-est, par suite de l'étroitesse du sol, au pied de la pente. Le peu de largeur ne permit pas l'orientation traditionnelle. On remarque la *tour carrée du clocher*, laquelle, s'élevant au-dessus de l'abside, offre quelque intérêt par suite de la disposition de quatre colonnettes engagées à demi dans la muraille et dont les bases présentent la forme de véritables chapiteaux.

Le haut du clocher, terminé par une pyramide en pierre, est éclairé par quatre fenêtres à plein-cintre, divisées par deux arcatures, s'appuyant sur des colonnes assez courtes, mais dont les chapiteaux, qui ont une double astragale, indiquent le XIe siècle.

Ce clocher est soutenu aux angles par des contreforts plats, superposés en retrait. Sur les façades nord et sud s'ouvre au second ordre une superbe baie romane reposant au centre et de chaque côté sur une grosse colonne basse avec chapiteau et double astragale, dans un large cintre supérieur, à claveaux plats, sans moulure, qui l'enveloppent. C'est au-dessus que se voient les deux étroites et petites baies qui attendaient sans doute le couronnement et la flèche de pierre encore absents. Plus bas, au premier ordre, dans un encadrement de pierre, quatre fausses baies évident à demi le plein du mur, d'où se détachent les quatre légères colonnettes.

La *porte latérale*, vers nord, conserve sa triple archivolte concentrique parée de toutes les élégances de l'art du XIe siècle, dents de scie, entrelacs de feuillage, écailles en cordons, zigzags, enroulements de feuilles d'eau.

Le côté ouest de l'église a été assez fortement enfoui sous les terres descendues du flanc de la colline.

On voit à l'intérieur un vieux *bénitier octogonal*, porté sur une courte base en pierre, à demi engagé dans le mur.

Malgré la construction de l'église des Tuffeaux au pied du coteau, une partie de la population continua de rester sur le plateau autour de l'église du Prieuré et de

Chenehutte qui, à cette époque, est appelé *Terra de Canauthia* (Livre noir des cartulaires de Saint-Florent) 1040-1055. Puis apparaît le nom de *Caneutia* qui fit Chenehutte. Celui de *Castellum Caynonis* subsiste encore. (Livre noir des cartulaires de Saint-Florent) 1055-1070.

La terre de la Mimerolle, plantée de nombreuses vignes, appartient, au XIe siècle, au chevalier Eudes Baudoin. Elle s'appelle *Terra de Mimerola* (Livre n., ch. 223, 1059).

Vers 1090, Chenehutte est appelé Terra de *Castello Carolo* (Cartulaires de Saint-Maur). — *Possessio Castri carnonis cum ecclesia sancti Petri et capellis...* (Livre d'argent des cartulaires de Saint-Florent). Au milieu des misères publiques s'était formée la légende où tout vestige militaire devait rappeler le passage de Charlemagne. Le castrum carnonis devint, dans le langage populaire, castrum *carlonis* et, par interprétation, *castello carlo.*

***

XIIe siècle. — Dans les premières années du XIIe siècle, la terre de la Mimerolle appartient à Maurice Ronard, qui attribua à l'abbaye de Saint-Florent les dîmes des vignes, des blés et de trois moulins en Loire. *Decima de Mimerolia* (Liv. B., f. 45), 1118-1124.

Les restes de ces moulins devraient être recherchés, ce sont eux probablement qu'on a pris pour les ruines d'une ville construite sur le fleuve. Il existait de ces moulins sur tout le cours de la Loire, aux basses eaux on en aperçoit encore les digues.

Pour Chenehutte, on retrouve la dénomination de *Ecclesia sancti Petri de Canehuta* (Livre d'argent des cartulaires de St-Florent), 1130-1143. *Ecclesia sancti Petri Castro Caroli cum capellis* (Livre d'argent des cartulaires de Saint-Florent), 1146-1156.

L'existence de l'ancienne *chapelle St-Jean de la Rondière*, aujourd'hui en ruine, « assise sur roc et montagne » au-dessus du bourg des Tuffeaux est constatée dès le XIIe siècle, dans les bulles = *Capella sancti Johannis* (Liv. d'A., 4 et 6), 1146-56. Cette chapelle fut le port d'attache des prédicateurs qui parcouraient le pays.

Un autre ermitage, celui de sainte Radegonde, près de la Mimerolle, dont la chapelle était taillée en partie dans le roc, daterait-il aussi de cette époque? Toujours est-il que M. l'architecte Moreau, en démolissant, en 1910, la dernière voûte qui en restait, a trouvé une pierre portant la date de 1149.

En 1178 la paroisse des Tuffeaux s'appelle *Tuffelli* (cartulaire de St-Aubin). Elle comprend une vingtaine de maisons sur la rive gauche de la Loire, dont le *logis noble des Fontaines*, et, sur la rive droite, une enclave renfermant, dans la commune aujourd'hui de Saint-Martin-de-la-Place, la Guiberdière, les Rives, le Bois de Maillé et diverses maisonnettes. Cette partie relevait féodalement de l'abbaye du Loroux, tandis que la rive gauche avait pour seigneur le baron de Blou, qui présentait à la cour. Une croix au pignon d'une maison au bout du bourg et une arche de pierre indiquait la limite du fief de Milly.

L'ornementation malheureusement mutilée de l'archivolte en plein cintre du *grand portail* est, de l'église des Tuffeaux, semble dater du XIIe siècle. Il est surmonté d'un pignon et d'une fenêtre moderne. *Le chœur*, voûté en pierre, éclairé de croisées à trèfles, se prolonge en abside ronde, avec absidioles bordées au pourtour de modillons grotesques ou grimaçants.

Au XIIIe siècle, les seigneurs de la Mimerolle portent le nom de la terre qui s'appelle *Mimarela*, *Mimeirola* (Pr. du Breuil. B., ch. or.), 1238.

En 1308, le bourg des Tuffeaux s'appelle *Villa de Tuffellis* (Arch. de M.-et-L. G. 4); en 1326, *Tuffelli* (Arch. de M.-et-L. G. 16).

XVe siècle. — Au XVe siècle, le prieur de Chenehutte et le curé de Saint-Jean se disputaient les offrandes de la chapelle, vulgariter appellata *Saint-Jean de la Rondière* (St-Flor. 1445). Par sentence de l'official, ces offrandes furent attribuées au curé. La nomination en appartenait au seigneur de Trèves qui la convertit en ermitage. Il héritait des hardes de ses hôtes.

A cette époque, les prieurs de Chenehutte sont ;

Mathurin Lemaçon 1444-65 — François de la Valrie, 26 octobre 1476 — Pierre de Gouzolles 1483-88.

Les curés de Chenehutte sont : Jacques Frain 1436 — Pierre Philippes 1444 — Louis Jousseaume 1475 — Jean Malet 1488.

En 1467, le nom de Chenehutte est acclimaté : *Ecclesia de Chenehutte.* — En 1487 il a repris une désinence latine *Chenehutta.*

Parmi les noms marquants qui sont parvenus jusqu'à nous, il faut citer Jean Berruet, qui est sieur de la Mimerolle en 1483 et qui, selon Don Huynes (Mss, f. XXX), rattacha la fondation de Sainte-Radegonde à la seigneurie de Trèves. L'existence de l'ermitage de Sainte-Radegonde se trouve donc constatée au moins à cette époque.

Noble homme Jean de la Roche est sieur des Vigneaux en 1495. Messire Joseph Berruet est sieur de la Mimerolle en 1498.

C'est chez ce dernier que mourut, étant de passage au château, le célèbre évêque d'Angers, de Rély.

L'évêque *de Rély* avait été le confesseur du jeune roi Charles VIII. C'était son éloquence aux Etats Généraux de Tours, 1484, lorsqu'il prit la parole au nom des Trois-Etats devant le Roi, qui lui avait valu cette mission de confiance. Son élection à l'épiscopat d'Angers, à la fin de 1491, avait été sollicitée avec les plus vives instances et motivée par « ses grans sens, science en la Faculté de « théologie, bonne, catolicque vie, renommée et honneste

« conversation et autres grans vertus ». Mais à partir des premiers jours de 1496, le prélat avait repris son service de cour et abandonné l'Anjou. Il accompagna Charles VIII, à titre d'aumônier, en Italie. Il assista à Amboise à ses derniers moments (avril 1498), et ce fut lui qui prononça son oraison funèbre à Saint-Denis. Rendu alors seulement à ses devoirs d'évêque, il se trouvait en tournée dans le Saumurois quand, au retour de Fontevrault, il fut pris d'un mal subit, le 2 février 1499, et mourut le 27 mars.

Ce fut un grand événement dans le pays. C'est avec un grand cérémonial qu'on vint prendre la dépouille mortelle du « grand prélat » pour la transporter à Angers.

* * *

XVIe siècle. — Les vieux murs du Prieuré de Chenehutte révèlent un édifice du XVIe siècle, à double pignon, avec porte en accolade surmontée d'un écusson, avec tourelle hexagonale contenant un large escalier tournant de pierre, galerie, vastes chambres avec cheminées décoratives, dont une sculptée sur son large manteau de quatrefeuilles et d'animaux accroupis, hauts greniers, à charpente en forêt.

Les disputes du Prieuré de Chenehutte avec les possesseurs des terres voisines pour les droits seigneuriaux ont permis de retrouver quelques noms de cette époque.

En 1514, le hameau de Beauvais s'appelle *Beauvoys* (Pr. de Chenehutte).

En 1525, Guillaume de Bailleu, prédicateur renommé, résidait à Saint-Jean.

De 1530 à 1573, Jean de Saint-Amello est sieur des Fontaines.

De 1532 à 1541, le sieur de Pompierre est *Conrard Delhommeau* ou Delommeau, en latin de Ulmo ou Ulmœus, né à Saumur, mari d'Hélène Gellé. Il était procureur général de l'ordre de Fontevrault, seul nom qu'il prenne en titre des Epitres, Elégies, Epigrammes (1535), composées avec J. Bouchet, sur la mort de Renée de Bourbon. On a de lui encore un Livre des Fontaines : De Advocati Studio (Paris, J. Lodoicus, 1537, in-8°) et peut-être divers autres opuscules latins et français restés inconnus. En 1545, étant parrain à Brion (Et. C. 17 fév.), il se donne le titre de « sénéchau de Saumur », sans doute pour le compte de l'abesse de Fontevrault.

En 1539, Les Loges s'appellent le lieu appelé les *Loges-Balliveau*. C'est un domaine du Prieuré de Chenehutte qui est alors dénommé : le prieuré de *Chasteau Charles* (Mémoires du XVIe siècle) ; *Chancharle*, 1543.

A cette date, dès 1543, c'est Renault de Reims qui est curé de Chenehutte, et Simon Esnault en 1559.

En 1565, c'est Math. Delhommeau qui est sieur de Pompierre.

Le Bignon est un ancien fief relevant de Trèves, en est sieur René de Souvigné, écuyer, 1565.

En 1571, le sieur du *Petit-Puy* est noble homme Antoine de Bertin.

En 1573, les Fontaines sont désignées sous le nom de : ma maison seigneuriale des Fontaines, mon *moulin de Grissay.*

En 1576, on retrouve la désinence latine Chenehuta, alias Chenehutte (Etat-Civil).

Le sieur de la Mimerolle est noble homme François Berruet, dont la fille, Anne, épouse Jean du Planty en 1582.

En 1584, le sieur de Pompierre est André Hardré.

En 1591, on retrouve, comme sieur de la Mimerolle, Jean du Planty, mari de Jeanne Percault.

La maison qu'on désigne aujourd'hui sous le nom de *la Marquerie* est un ancien logis du XVIe siècle, avec tourelle d'escalier. Noble homme Guy Plaineau en est sieur en 1594.

De 1596 à 1624, Charles de la Rivière est sieur des Fontaines.

Les Loges s'appellent : les aireaux, chesnaies, maisons, etc., des Loges en 1599 (Prieuré de Ch.).

***

XVIIe siècle. — En 1600, le hameau de Beauvais est signalé par : le lieu et mestairie vulgairement appelé la mestairie de Beauvais, située au village de Beauvais

(E. 1355). La maison principale de ce hameau paraît dater de cette époque.

En 1601, Pierre Grelier, contrôleur du Grenier à sel de Saumur, est sieur du Petit-Puy.

En 1607, Jacq. du Planty est sieur de la Mimerolle.

En 1607, Seb. Plaineau, mari de Rose de Créant, est sieur de la Marquerie.

En 1613, l'église des Tuffeaux s'appelle: *Notre-Dame de la Prée-des-Tuffeaux* (Arch. de M.-et-L. G. Cures). La prée voulant dire encore aujourd'hui la prairie, cette dénomination indique que le cours de la Loire n'était pas aussi proche du coteau qu'il l'est actuellement et qu'il y avait, l'en séparant, une assez grande étendue de prairies.

En 1620, les Fontaines sont désignées sous le nom : la maison et *seigneurie de Grissay*, vulgairement et de présent appelée *les Fontaines de Grissay*. L'ancienne gentilhommière des Fontaines conserve son *portail fortifié, armorié et daté* sous l'encadrement : anno domini 1625, et ses larges croisées à meneaux de pierre, avec chapelle transformée en grange. Le fief relevait de Blou.

En 1629, Jacq. du Planty, sieur de la Mimerolle, épouse Françoise de Murs.

En 1630, c'est noble homme *Jean Doré* qui est sieur de la Mimerolle. Ce Jean Doré a été surtout célèbre par sa femme et par les complaisances de l'un et de l'autre à l'égard du Maréchal de Brézé, du moins au dire de

Tallemant des Réaux. L'histoire de la d'Arvas ou Darvois a tenté les romanciers.

Jean Doré, écuyer, seigneur d'Arvas ou d'Ervois, maréchal des logis des gardes du corps de la reine-mère, comme l'appellent les actes authentiques, en 1627, n'était qu'un médiocre personnage, mais non pas évidemment comme le prétend Tallemant des Reaux, le laquais, puis le valet de chambre du maréchal de Brézé. Il aurait, à en croire le même anecdotier, débauché et amené à Paris une jeune fille qui travaillait « pour les tailleurs sur leur boutique », en la rue Saint-Laud d'Angers, et il l'aurait épousée pour la tenir plus près du maréchal. « Elle avait du sens et de l'esprit ; elle l'empauma » ajoute Tallemant, affronta la maréchale, et, celle-ci morte, eut l'ambition d'épouser le vieillard et fit tuer son mari à l'affût. La vraisemblance n'y est pas tout à fait. Le certain est que la dame ou demoiselle comme elle est dite, avait nom Renée Pommier et paraît, au ton et à l'écriture même de ses lettres, avoir reçu une éducation non ordinaire, même à une bourgeoise. On la voit installée à Milly dès au moins 1627 et elle y a cinq ou six enfants que tiennent sur les fonts le maréchal ou son fils, ou quelque personnage de marque. Elle-même est marraine d'enfants des serviteurs, des officiers de la maison et plusieurs fois avec le maréchal pour compère. C'est en 1642 que cette « vertueuse damoiselle » comme l'appelle le curé est dite veuve, c'est-à-dire au moins quinze ans après son entrée au château et dans un âge où sa beauté devait quelque peu décliner. Mais, « levée dès « quatre heures, à la fois servante et maîtresse, faisant « ses affaires et celles du maréchal, plus habile que « tout son conseil » elle savait servir sans doute ses intérêts et ceux de son vieux maître et paraît avoir « disposé réellement », comme l'assure aussi Lenet, « de toute la fortune du maréchal jusqu'au dernier « soupir de sa vie », et même plus tard puisqu'on la voit installée encore à Milly en juillet 1651.

En 1630, le bourg des Tuffeaux s'appelle : Notre-Dame de la Prée, alias *les Tuffeaux* (Arch. de M.-et-L. G. Cures).

En 1631, un prédicateur renommé réside encore à Saint-Jean-de-la-Rondière ; c'est le R. P. Taillefer.

Près du hameau de Beauvais, on voit signalé un lieu appelé le *Bec-de-Ruce*, 1631 (Arch. de M.-et-L. E. 1349).

C'est en 1635 que Jean Doré revendit la terre de la Mimerolle à son maître et protecteur, le maréchal Urbain de Maillé Brézé. Elle se trouva ainsi réunie au comté de Trèves qui la relevait de l'abbaye de Saint-Florent.

Joseph de la Roë est sieur des Fontaines en 1636.

Franç. Couronneau est sieur de Pompierre en 1665.

Le 1er décembre 1677, Guillaume Lemaçon et sa femme, seigneurs de Trêves, firent une fondation spéciale à la chapelle Saint-Jean pour obliger le titulaire à un certain nombre de messes et de services pour l'instruction des habitants « vieux et jeunes » de Trèves et de Chenehutte. C'est dès lors une véritable chapellenie attribuée en bénéfice au curé de Chenehutte ; aussi voit-on celui-ci, le 24 mai 1678, conduire sa paroisse en procession à la chapelle Saint-Jean.

En 1680, le sieur des Fontaines est Nic. Dusoul, qu'on trouve, en 1682, désigné dans un acte comme mari de Franc Gueniveau.

Jusqu'à la fin du XVIIe siècle, Saint-Jean-de-la-Rondière reste un *ermitage vénéré* dans la région. On y voit encore inhumés Frère Noël Delaunay, ermite, le 3 janv. 1680, âgé de 72 ans ; — Gabriel Thomas, qui résidait au couvent des Loges, 1683, — et Etienne Godebin, dit Frère Pacôme, mort le 28 juilllet 1692, âgé seulement de 37 ans.

L'ermitage de Sainte-Radegonde conservait également son renom populaire, bien que, au XVIIe siècle, les chapelains titulaires se contentassent de partager les revenus du clos de vignes avec un ermite de leur choix qui vivait des quêtes. Le dernier bénéficier, Dumas, vers 1680, laissa tomber le gîte en ruines. A côté s'élevait une chapelle avec petit clocher à flèche élancée que le nom de Sainte-Radegonde garda en vénération. Les pèlerins qui l'y venaient invoquer devaient pénétrer sous l'autel en se baissant par une porte d'un mètre à peine de hauteur, et s'y tourner et retourner dans un petit caveau. Il y a une quarantaine d'années, on y voyait encore la niche où figurait la statue, les banquettes taillées dans le roc, des arcades et des colonnettes bien conservées. Le jour de fête réunissait une assemblée joyeuse.

XVIIIe siècle. — Le nom du sieur de la Marquerie, Ch. de Plaineau, nous est révélé par l'acte de décès de sa femme, Marie Haenen de Maestricht, morte le 10 septembre 1706, à l'âge de 45 ans.

Le vieux *logis de la Mimerolle*, avec sa fuie, situé au sommet du rocher qui borde la Loire et la domine de 40 à 50 mètres, et d'où l'on découvre Saumur et les coteaux de la Loire jusqu'à l'église de Candes, semble dater du commencement du XVIIIe siècle. Sur le portail se lit la date 1713. La chapelle seigneuriale était dédiée à saint Christophe. Deux ermitages en dépendaient dont celui de Sainte-Radégonde, au patronage du seigneur de Trèves. Ce logis de la Mimerolle a été récemment restauré.

En 1745, la seigneurie de la Marquerie appartenait à Charlotte de Plaineau, veuve de Charles Fadot de la Grand-Maison. Elle mourut le 16 décembre 1745.

En 1746, le curé de Chenehutte est le fameux *Claude Robin*, qui est surtout connu pour ses excentricités.

Claude Robin avait pris, en 1745, le bonnet de docteur en la Faculté de théologie d'Angers, et rêvait alors les triomphes de la prédication ; mais le don de la modeste cure de Chenehutte le fixa. Il en prit possession dès les premiers jours de décembre 1746 et ne songea plus qu'à réaliser son plus vif désir, le voyage de Rome. Il partit le 15 juin 1750, feignant de gagner seulement Paris. Il repartit de Rome, le 23 août, et rapporta avec de nombreuses reliques des SS. Félicien, Dieudonné, Candide et Ste Innocence, qu'il distribua aux églises de Saint-Pierre de Saumur, de Chenehutte, de Distré, le titre de pèlerin apostolique, dont il affectait fort de se targuer. Dès son retour (6 octobre), il entra en procès avec les moines Bénédictins de qui dépendait sa cure ; puis il s'occupa de rebâtir à la Romaine le chœur de son église (déc. 1750), en le décorant d'un tabernacle provenant de l'église de Chaudron. Il s'amusait le dimanche à apprendre le plain-chant aux enfants, et après vêpres à faire des lectures au peuple et de belles instructions dans la Bible de Royaumont. Nommé à un canonicat de Saint-Maurille, le 25 juin 1751, il devint curé de Saint-Pierre d'Angers et se rendit célèbre dans cette ville par ses procédures avec l'Officialité.

Le curé Claude Robin fut un personnage singulier, le type le plus bizarre, le plus populaire, le plus agressif, le plus railleur, et l'on peut ajouter aussi le plus vulgaire. Ses ouvrages, devenus rares, donnent bien une idée de l'auteur, c'est un mélange confus de paradoxes historiques et d'observations précieuses, écrit dans un style souvent très aiguisé. Il a fait une notice, d'ailleurs assez fantaisiste, sur le camp de Chenehutte.

En 1755, Pompierre s'appelle : la Maison de Pompierre (Et. C.). Jean-Nic. Patrix en est sieur.

Dès 1763, l'église de Chenehutte était compromise et dut être soutenue par des piliers et des jambages.

En 1774, la seigneurie de la Marquerie appartient à

Marie Ch. Fadot, qui meurt le 17 septembre 1774, âgée de 63 ans.

En 1780, les Fontaines s'appellent : la Fontaine alias Grissay. (G. cure des Tuffeaux). Thoreau de la Martinière en est sieur.

A cette époque l'exploitation du tuffeau dans le coteau de Chenehutte était intense et conduite avec une telle imprudence que la solidité du sol fut compromise en plusieurs endroits. En 1781, les piliers qui supportaient *le hameau du Perreau* ayant été entamés, il s'effondra avec une partie du sol supérieur.

Aux Maillets, qui s'appelaient alors les Moellets, il se trouvait à cette époque la plus importante carrière ; en 1782 elle menaçait l'église de Chenehutte et pour cette raison dût être interdite.

Cette église qui, compromise dès 1763, avait dû être soutenue par des piliers et des jambages, fut restaurée et en partie reconstruite cette année-là, 1782.

En 1788, la paroisse de Chenehutte avait pour seigneur le comte de Trèves ; elle dépendait de l'Election et du District de Doué.

De 1789 à 1790 l'église des Tuffeaux fut restaurée par l'architecte Jean Moneste, de Saumur. On voit au fond et à droite l'autel de saint Pierre qui est de cette date.

C'est en 1790 que la commune des Tuffeaux fut réunie à celle de Chenehutte sous le nom de *Chenehutte-les-Tuffeaux*. L'église de Chenehutte fut abandonnée par suppression de la paroisse dont le siège était transporté à l'église des Tuffeaux. Cette paroisse dépend alors de l'Election et du District de Saumur.

En 1790, Denis Dusoul est sieur des Fontaines.

Le 2 thermidor an IV cette gentilhommière fut vendue nationalement. Il en fut de même de l'église de Chenehutte et de son cimetière.

En 1864, une petite chapelle a été construite à Saint-Jean, sur le bord de la route, par autorisation du 16 juillet.

Les ruines de l'église de Chenehutte ont été englobées ainsi que l'ancien prieuré dans un petit manoir, récemment restauré.

Le cimetière de la paroisse, un vieux pan de mur de l'ancienne église et une chapelle funéraire moderne sont les seuls continuateurs de l'habitation religieuse du plateau.

Dans les murs du château se voient quelques débris de sculpture et de statues intéressants. Un de ces morceaux qui sert de banc mériterait d'être défini. La cheminée du grand salon, retrouvée intacte sous un enduit qui l'a sauvée, est moité gothique et moitié Renaissance.

Tout le coteau de Chenehutte-les-Tuffeaux est excavé de carrières pour l'exploitaiion d'un tuffeau gris, très recherché autrefois comme unique dans le département. Son transport faisait vivre une grande partie de la population, composée presque entièrement de mariniers. Aujourd'hui, les carrières sont en partie épuisées, l'ensablement de la Loire ne permet le transport par bateaux qu'à certaines époques de l'année ; on se contente d'ailleurs de traverser le fleuve pour aller embarquer les tuffeaux au chemin de fer qui, longeant l'autre rive, a ruiné la batellerie, dont les voyages autrefois se prolongeaient jusqu'à Nevers et Paris. La culture des champignons a remplacé dans les grandes caves l'extraction du tuffeau. Celle du grès, pour pavage, et de la chaux hydraulique se continue. La vigne y donne un bon vin blanc et les habitants se livrent encore maintenant à la cuisson des pruneaux et des poires tapées qu'ils vont revendre dans les villes.

* * *

Le château du Prieuré appartient aujourd'hui à M. le comte Raymond de Castellane qui, en le restaurant dans son style archaïque, en a fait un édifice d'aspect grandiose, entouré de vastes terrasses d'une longueur de 250 mètres, d'où l'on découvre sur toute la Vallée de la Loire l'immense panorama qui s'étend de Tours à Angers, jalonné par les châteaux de Langeais, de Bourgueil, Port-Boulet, Launay, Saumur, Boumois, Baugé, Beaufort, Angers.

Ces terrasses étagées, reliées par de larges escaliers et bordées de balustrades en pierre, au milieu des jardins suspendus qui les décorent, font l'hommage de leur pittoresque piédestal aux vieilles pierres du Prieuré qui ont été scrupuleusement respectées.

M. de Castellane a d'ailleurs réuni en son château, outre les souvenirs de famille parmi lesquels il faut citer un grand portrait du maréchal, une collection très intéressante de vieilles gravures, eaux-fortes, gouaches et sanguines, dont deux belles épreuves offertes par l'archiduc Charles d'Autriche au maréchal de Castellane, — une série de tableaux anciens, entre autres : la Vierge et l'Enfant-Jésus, école italienne, daté de 1513; un double tableau de l'école de Bruxelles, daté de 1500; un petit portrait de femme, école française, vers 1530; des pastels de l'école française du XVIIIe siècle ; un combat de cavalerie, de Parrocel; des meubles de la Renaissance italienne; — des tapisseries et étoffes des XVIIe et XVIIIe siècles; — des armures et armes de différentes époques.

Chenehutte-les-Tuffeaux, avec la coquette blancheur de ses maisons en file au bord de la Loire, comme une procession se rendant à la vieille église, avec son château qui couronne gracieusement le coteau abrupt ou s'étagent ses terrasses, avec la draperie des bois d'où les roches émergent comme des cabochons, avec le ruban bleu du fleuve qui s'étale à ses pieds, est un des coins les plus pittoresques des environs de Saumur.

SAUMUR, IMP. E. COUBARD, 13, QUAI CARNOT.

www.ingramcontent.com/pod-product-compliance
Ingram Content Group UK Ltd.
Pitfield, Milton Keynes, MK11 3LW, UK
UKHW020430230726
13925UKWH00004B/1671